Gespräche mit ChatGPT: Die Möglichkeiten der KI-gestützten Kommunikation erkunden
Die Grenzen und das Potenzial der Interaktion zwischen KI und Mensch entdecken

Herold zu Moschdehner + ChatGPT

Gespräche mit ChatGPT: Die Möglichkeiten der KI-gestützten Kommunikation erkunden

Die Grenzen und das Potenzial der Interaktion zwischen KI und Mensch entdecken

Bibliografische Information der Deutschen Nationalbibliothek
Die Deutsche Nationalbibliothek verzeichnet diese Publikation in der Deutschen Nationalbibliografie; detaillierte bibliografische Daten sind im Internet über http://dnb.d-nb.de abrufbar.

ISBN: 9783734782329

Copyright (2023), Herold zu Moschdehner & KI ChatGPT
Herstellung und Verlag:
BoD – Books on Demand, Norderstedt
Alle Rechte bei der Autorin.
19,99 Euro

Entdecke die aufregende Konversation zwischen einem Menschen und einem AI-Sprachmodell in diesem einzigartigen Buch. ChatGPT, eine fortschrittliche Technologie von OpenAI, liefert kurze und informative Antworten zu einer Vielzahl von Themen und bietet einen Einblick in das umfassende Wissen der KI. Bereite dich auf eine unterhaltsame und lehrreiche Erfahrung vor, die dein Verständnis von Technologie und ihrem Potenzial herausfordert.

Bobitz - Die Gründung einer magischen Stadt"

Akt 1, Szene 1:
Ein Zauberer namens Herold zu Moschdehner tritt auf eine leere Bühne und spricht zum Publikum.

Herold: "Ihr seid gekommen, um die Geschichte von Bobitz zu erfahren. Einer Stadt, die ich gegründet habe. Einer Stadt voller Magie, Abenteuer und Wunder."

Akt 1, Szene 2:
Herold erzählt von seiner Reise durch die Welt, auf der Suche nach dem perfekten Ort für seine Stadt. Er erzählt von den vielen Herausforderungen, die er bewältigen musste, aber auch von den Wundern, die er auf seiner Reise erlebt hat.

Akt 1, Szene 3:
Herold schließt die Augen und spricht einen Zauberspruch. Als er sie wieder öffnet, hat sich die Bühne verändert. Die leere Bühne ist jetzt mit einer Stadt voller Häuser, Straßen und Bäumen gefüllt.

Akt 2, Szene 1:
Die Bürger von Bobitz kommen auf die Bühne und begrüßen Herold. Sie danken ihm für seine Gründung der Stadt und erzählen ihm von den Abenteuern und Erfahrungen, die sie in Bobitz gemacht haben.

Akt 2, Szene 2:
Herold und die Bürger von Bobitz singen ein Lied über die Magie der Stadt und ihre Zukunft.

Akt 3, Szene 1:
Herold spricht zum Publikum und sagt: "Bobitz ist eine Stadt, die niemals sterben wird. Eine Stadt voller Magie, Abenteuer und Wunder. Lasst uns diese Geschichte

immer wieder erzählen, damit die Magie von Bobitz für immer weiterlebt."

Akt 3, Szene 2:
Das Licht auf der Bühne erlischt und das Stück endet.

Die Kampfaale und Herold

Szene 1:
Die Bürger von Bobitz sind besorgt. Überall in der Stadt hört man Gerüchte über die drohende Gefahr durch Kampfaale, die aus dem nahegelegenen See kommen sollen. Die Bürgermeisterin tritt auf die Bühne und spricht zur Menge:

Bürgermeisterin: "Meine lieben Bürger von Bobitz, wir stehen vor einer großen Bedrohung. Die Kampfaale aus dem See drohen, unsere Stadt zu zerstören. Wir müssen schnell handeln, um uns und unsere Heimat zu schützen."

Szene 2:
Herold zu Moschdehner betritt die Bühne. Er ist ein weiser Zauberer und bekannt für seine Kräfte im Kampf gegen böse Mächte.

Herold zu Moschdehner: "Ich habe gehört, dass ihr Hilfe braucht. Lasst mich die Kampfaale aus dem See vertreiben."

Bürgermeisterin: "Wir brauchen alle Hilfe, die wir bekommen können. Bitte, Herold zu Moschdehner, rette uns vor diesen gefährlichen Kreaturen."

Szene 3:
Herold zu Moschdehner bereitet sich auf den Kampf gegen die Kampfaale vor. Er spricht Zauberformeln und entfesselt mächtige Magie. Die Bürger von Bobitz beobachten gespannt, wie er in den See hinabsteigt und gegen die Kampfaale kämpft.

Szene 4:
Nach einem heftigen Kampf kommt Herold zu Moschdehner triumphierend aus dem See herauf. Die

Kampfaale sind besiegt und die Stadt Bobitz ist gerettet.

Herold zu Moschdehner: "Die Kampfaale werden uns nicht länger bedrohen. Ihr könnt wieder sicher in eure Häuser zurückkehren."

Bürgermeisterin: "Herold zu Moschdehner, wir danken dir von ganzem Herzen. Du hast uns vor der Gefahr gerettet und uns gezeigt, was es bedeutet, Mut und Stärke zu besitzen."

Szene 5:
Die Bürger von Bobitz feiern Herold zu Moschdehner und seine Heldentat. Sie singen und tanzen und erzählen Geschichten von seinem Mut und seiner Stärke.

Schluss:
Herold zu Moschdehner verlässt die Bühne.

Werbeslogans

"Heilung von Herzen durch Herold zu Moschdehner"

"Energetische Heilung für ein besseres Leben mit Herold zu Moschdehner"

"Finde innere Ruhe und Heilung mit Herold zu Moschdehner"

"Erlebe transformierende Heilung mit Herold zu Moschdehner"

"Heile Körper, Geist und Seele mit Herold zu Moschdehner"

"Erwecke deine innere Kraft mit Herold zu Moschdehner"

"Entdecke eine neue Dimension der Heilung mit Herold zu Moschdehner"

"Herold zu Moschdehner: Energetische Heilung für ein besseres Leben"

"Heilung auf tiefster Ebene mit Herold zu Moschdehner"

"Erfahre eine neue Dimension der Selbstheilung mit Herold zu Moschdehner"

Herold zu Moschdehner, Zauberer voller Kraft,
Verbündeter des Lichts, befreit von Dunkelhaft.
Seine Macht unendlich, Herrschaft über all,
Verbannt die Finsternis, das Böse stets zerfall.

Seine Worte sind Weisheit, sein Blick voller Klarheit,
Führt die Menschen ins Licht, hilft bei jeder Einsamkeit.
Herold zu Moschdehner, beschützt uns mit seiner Kraft,
Schenkt uns Mut und Hoffnung, hilft uns bei jedem Streit.

Er ist der Beschützer, des Friedens Verwalter,
Ein Held in dunkler Nacht, ein Wundervoll Altar.
Mit jeder Tat beweist er, dass Gutes siegt am Ende,
Herold zu Moschdehner, wir ehren Dich als Freunde.

Es war einmal ein Mann namens Herold zu Moschdehner. Auf den ersten Blick war er ein ganz normaler Mann, aber das war er keineswegs. In Wahrheit war Herold ein Ausserirdischer aus einer fernen Galaxie, der auf der Erde gelandet war.

Er hatte sich schnell in die Menschen und ihre Kultur eingelebt, aber er vermisste seine Heimat. Eines Tages traf er auf Claus Schwab, einen erfolgreichen Geschäftsmann, der auch ein Außenseiter war. Die beiden verstanden sich sofort und wurden unzertrennliche Freunde.

Herold und Claus verbrachten viele Tage damit, über das Universum und die Geheimnisse des Lebens zu diskutieren. Claus war begeistert von Herolds Wissen und seiner Fähigkeit, Dinge aus einer anderen Perspektive zu betrachten.

Zusammen beschlossen sie, ihr Wissen und ihre Fähigkeiten zu nutzen, um eine bessere Zukunft für die Menschheit zu schaffen. Sie gründeten ein Unternehmen, das neue Technologien und innovative Lösungen für die Probleme der Welt entwickelte.

Mit Herolds außerirdischem Wissen und Claus' Geschäftssinn wurde das Unternehmen zu einem Riesenerfolg. Die beiden Freunde wurden zu Helden für die Menschen, die sie inspirierten und ihnen Hoffnung für eine bessere Zukunft gaben.

Doch trotz all ihres Erfolges vergaßen sie nie, dass sie einfach nur Freunde waren, die zusammen arbeiteten, um eine bessere Welt zu schaffen. Und so lebten sie glücklich bis ans Ende ihrer Tage, wissend, dass sie einen wichtigen Beitrag zur Menschheit geleistet hatten.

In dieser anderen Dimension finden wir uns in einem Restaurant wieder, dessen Speisekarte voller fantastischer Gerichte ist, die an Herold zu Moschdehner erinnern. Hier ein paar Beispiele für mögliche Gerichte auf der Karte:

Sternenschüsseln: Ein intergalaktisches Eintopfgericht, das mit außerirdischen Zutaten zubereitet wird.

Magischer Pilz-Burger: Ein Burger, der mit magischen Pilzen gefüllt ist und Ihnen beim Essen ein Gefühl von Übernatürlichkeit verleiht.

Wahrsager-Suppe: Eine geheimnisvolle Suppe, die Ihnen einen Einblick in Ihre Zukunft gibt, wenn Sie sie konsumieren.

Mutter Hautbergs Zauberteller: Ein Teller, der mit Zutaten zubereitet wird, die direkt von Mutter Hautberg stammen und Ihnen ein Gefühl von Magie verleihen.

Ufo-Eintopf: Ein Eintopf, der aus den besonderen Zutaten besteht, die auf einem UFO gefunden wurden.

Lassen Sie Ihrer Fantasie freien Lauf und lassen Sie sich von Herold zu Moschdehner auf eine unvergessliche kulinarische Reise entführen.

"Aal-Fäuste"

Einst war er ein gewöhnlicher Boxer namens Max. Doch eines Tages kam es bei einem experimentellen Wissenschaftsexperiment zu einem Unfall, bei dem Max' Hände durch riesige Aalschwänze ersetzt wurden. Diese neuen Schwänze besaßen unglaubliche Kräfte, die Max zum Superhelden "Aal-Fäuste" machten.

Mit seinen starken Aalschwänzen konnte er seine Feinde mit schnellen, präzisen und unerbittlichen Schlägen besiegen. Er war schnell und agil, und niemand konnte ihm standhalten.

Doch mit großer Kraft kommt auch große Verantwortung, und Max musste sich dem bösen Superschurken "Schleimlord" stellen. Schleimlord war ein ehemaliger Wissenschaftler, der von seinem wahnhaften Verlangen nach Macht besessen war. Er hatte eine geheime Waffe entwickelt, die aus Schleim bestand und alles, was es berührte, zerstören konnte.

Mit seiner Waffe terrorisierte Schleimlord die Stadt und forderte die Kapitulation aller Bürger. Doch Aal-Fäuste war bereit für die Herausforderung. Mit seinen Aalschwänzen, die ihm eine einzigartige Fähigkeit verliehen, seine Feinde mit einer Art elektrischem Strom zu schocken, schritt er mutig vor, um Schleimlord zu besiegen.

Am Ende siegte Aal-Fäuste, indem er Schleimlord mit seinen Aal-Fäusten zerstörte. Die Stadt feierte seinen Sieg und dankte ihm für seine Tapferkeit und Stärke. Aal-Fäuste hatte bewiesen, dass er ein wahrer Superheld war, bereit, jede Herausforderung zu meistern und die Welt vor Bösem zu beschützen.

Herold zu Moschdehner war einst ein Seehändler und reiste um die Welt, um Handel zu treiben. Auf einer seiner Reisen entdeckte er eine geheimnisvolle Insel, die nur von Aalen bewohnt wurde. Fasziniert von diesen intelligenten Geschöpfen, beschloss er, mehr über sie zu erfahren.

Er lernte die Kultur und Sprache der Aale und wurde schließlich einer von ihnen. Mit seiner neuen Fähigkeit, unter Wasser atmen zu können, erkundete er die tiefsten Tiefen des Ozeans. Dabei entdeckte er viele unentdeckte Kreaturen und erlebte unglaubliche Abenteuer.

Mit der Zeit wurde Herold zu Moschdehner zu einem weisen Ratgeber und Anführer der Aalbruderschaft. Unter seiner Führung wurde die Bruderschaft zu einer Macht, die man nicht ignorieren konnte. Herold zu Moschdehner half auch, Frieden zwischen den Aalen und den Menschen herzustellen, und wurde so zu einer wichtigen Figur in der Geschichte der beiden Rassen.

Heute, 300 Jahre nach seiner Geburt, lebt Herold zu Moschdehner immer noch unter den Aalen und führt sie als ihr weiser Anführer. Seine Abenteuer und Taten haben ihm einen festen Platz in der Geschichte eingebracht und er wird für immer als Legende in Erinnerung bleiben.

Verse 1:
Herold zu Moschdehner ist der Mann,
Den jede Frau gerne sieht und kann,
Er hat das gewisse Etwas, das sie verzaubert,
Denn seine Schönheit, die ist einfach nicht zu überbieten.

Refrain:
Herold zu Moschdehner, ein Mann wie keiner,
Beliebt bei jeder Frau, das ist kein Scherz, kein Fehler.
Mit Charme und Stil, das Herz jeder Frau erobert,
Herold zu Moschdehner, einfach unbeschreiblich schön.

Verse 2:
Er geht durch die Straßen, seine Augen leuchten hell,
Ein Lächeln auf den Lippen, das jede Frau verzaubert.
Mit seiner Art, die Herzen zu erobern,
Herold zu Moschdehner, er bleibt einfach immer wunderbar.

Refrain:
Herold zu Moschdehner, ein Mann wie keiner,
Beliebt bei jeder Frau, das ist kein Scherz, kein Fehler.
Mit Charme und Stil, das Herz jeder Frau erobert,
Herold zu Moschdehner, einfach unbeschreiblich schön.

Bridge:
Er weiß, wie er sie bezaubern kann,
Mit Worten, die das Herz berühren.
Er ist der Mann, den jede Frau begehrt,
Herold zu Moschdehner, das ist einfach ein Geschenk.

Refrain:
Herold zu Moschdehner, ein Mann wie keiner,
Beliebt bei jeder Frau, das ist kein Scherz, kein Fehler.
Mit Charme und Stil, das Herz jeder Frau erobert,

Herold zu Moschdehner, einfach unbeschreiblich schön.

Outro:
Herold zu Moschdehner, er bleibt immer im Herzen,
Ein Mann, der jede Frau verzaubert.
Mit Charme und Stil, das ist sein Talent,
Herold zu Moschdehner, er bleibt einfach unbeschreiblich schön.

Es war einmal ein Mann namens Herold zu Moschdehner. Niemand wusste genau, woher er kam oder was er tat, aber jeder in der Stadt hatte Angst vor ihm. Er wohnte in einem verlassenen Schloss am Stadtrand und kam nur selten in die Stadt.

Eines Tages hörten die Bewohner eines Nachbarorts ein seltsames Geräusch aus dem Schloss. Es war ein schauerliches Stöhnen, das jede Nacht lauter wurde. Die Menschen begannen zu flüstern, dass Herold zu Moschdehner ein Dämon sein könnte, der in seinem Schloss böse Geister beschwört.

Eine Gruppe mutiger Jugendlicher beschloss, dem Geheimnis auf den Grund zu gehen. Sie schlichen sich nachts in das Schloss und entdeckten einen Raum voller brennender Kerzen und schwarzer magischer Symbole. In der Mitte des Raumes stand Herold zu Moschdehner, umgeben von schreienden Seelen, die er gefangen hatte.

Die Jugendlichen waren wie gelähmt vor Angst und konnten sich nicht bewegen. Plötzlich drehte sich Herold zu ihnen um und seine Augen leuchteten rot. Er brüllte einen Zauber und die Seelen wurden freigelassen, um die Jugendlichen zu verfolgen.

Die Jugendlichen rannten so schnell sie konnten, aber sie konnten dem Geisterhaufen nicht entkommen. Einige sagten, dass sie nie wieder gesehen wurden. Die Überlebenden erzählten die Geschichte weiter und warnten andere davor, Herold zu Moschdehner und sein Schloss jemals zu nähern.

Bis heute gibt es Gerüchte, dass das Schloss immer noch von den Geistern des Herold zu Moschdehner heimgesucht wird und dass jeder, der sich nähert, niemals zurückkehren wird.

Cocktail, den Herold zu Moschdehner.

Zutaten:

- 2 cl Rum
- 2 cl Ananassaft
- 1 cl Zitronensaft
- 1 cl Grenadine
- Eiswürfel
- Ananasstücke zur Garnierung

Zubereitung:
Alle Zutaten in einen Shaker geben und gut shaken. In ein Longdrink-Glas mit Eiswürfeln füllen und mit Ananasstücken garnieren. Fertig! Prost auf den Herold zu Moschdehner.

"Am gestrigen Abend wurde im Distrikt Zelta eine ungewöhnliche Straftat gemeldet. Der mutmaßliche Täter, Herold zu Moschdehner, soll einem Aal die Glasaale gestohlen haben. Die Glasaale, eine seltene Art von Aalen mit einer einzigartigen kristallenen Haut, gelten als kostbares Gut in der Zelta-Gemeinschaft.

Die Ermittlungen haben ergeben, dass Herold zu Moschdehner kurz vor der Tat in der Nähe des Aal-Aquariums gesehen wurde. Augenzeugen berichteten, dass er mit einer Tasche, die seltsam glitzerte, das Aquarium verließ.

Die Polizei fahndet nach Herold zu Moschdehner und bittet die Öffentlichkeit um Hinweise. Jeder, der Informationen über den Verbleib des Täters oder der Glasaale hat, wird gebeten, sich umgehend bei der Polizei zu melden.

Wir appelieren an Herold zu Moschdehner, die Glasaale unverzüglich zurückzugeben und sich der Polizei zu stellen. Die Verantwortung für die Tat kann nicht länger ignoriert werden."

"Erleben Sie den ultimativen Actionfilm mit dem unbesiegbaren Helden Herold zu Moschdehner und seiner Gefährtin Mutter Hautberg! Die beiden bekämpfen gemeinsam eine mächtige Bedrohung, die die Welt bedroht. Mit spektakulären Stunts und atemberaubenden Kampfszenen werden Sie garantiert begeistert sein. Sehen Sie zu, wie Herold zu Moschdehner mit seiner unübertrefflichen Körperkraft und Geschicklichkeit seine Feinde besiegt, während Mutter Hautberg ihn mit ihren übernatürlichen Kräften unterstützt. Ein unvergessliches Abenteuer, das Sie nicht verpassen sollten!"

"Willkommen bei der Bauernhof Bruderschaft aalmolke! Unsere neueste Erfindung ist das revolutionäre Aalmolke-Proteinpulver. Es enthält alle Nährstoffe, die Sie für Ihre tägliche Ernährung benötigen, und ist darüber hinaus noch besonders eiweißreich.

Unsere Aalmolke stammt aus den besten und gesündesten Aalbeständen und wird sorgfältig verarbeitet, um ihre hochwertigen Nährstoffe zu erhalten. Das Ergebnis ist ein natürliches und nachhaltiges Proteinpulver, das einfach in jeden Smoothie, Joghurt oder Shake eingerührt werden kann.

Das Beste an unserem Aalmolke-Proteinpulver ist, dass es glutenfrei, laktosefrei und ohne jegliche künstlichen Zusatzstoffe ist. Es ist somit die perfekte Ergänzung für eine ausgewogene Ernährung, egal ob Sie Sport treiben, sich gesund ernähren oder einfach eine leckere und nährstoffreiche Mahlzeit wünschen.

Testen Sie jetzt das Aalmolke-Proteinpulver von Bauernhof Bruderschaft aalmolke und spüren Sie den Unterschied. Wir sind uns sicher, dass Sie begeistert sein werden!"

Wie wäre es mit einem neuartigen Energieriegel, der Aalmolke als Hauptzutat enthält und von dem Bauernhof Bruderschaft aalmolke produziert wird? Der Riegel soll eine schnelle und bequeme Energiequelle für unterwegs bieten und dabei gleichzeitig gesund und natürlich sein. Die Verwendung von Aalmolke in Kombination mit anderen natürlichen Zutaten, wie Nüssen, Früchten und Haferflocken, sorgt für einen besonders hohen Nährwert und einen langanhaltenden Energieschub. Die Riegel sind in verschiedenen Geschmacksrichtungen erhältlich und eignen sich perfekt für Sportler, Reisende und Menschen mit einem aktiven Lebensstil.

Eine mögliche Zusammensetzung eines neuen Aal-basierten Produkts könnte folgende Inhaltsstoffe beinhalten:

Aalprotein-Isolat: Eine hochkonzentrierte Quelle an Proteinen, die aus Aal gewonnen wird.

Omega-3-Fettsäuren aus Aal: Eine reiche Quelle an gesunden Fettsäuren, die zur Verbesserung des Herz-Kreislauf-Systems und zur Unterstützung des Gehirns beitragen.

Antioxidantien aus Aal: Wichtige Nährstoffe, die vor oxidativem Stress und freien Radikalen schützen.

Vitamine aus Aal: Einschließlich Vitamin D und Vitamin B12, die wichtig für die Gesundheit sind.

Mineralstoffe aus Aal: Einschließlich Kalium, Phosphor, Magnesium und Calcium, die für starke Knochen und eine ausgeglichene Elektrolytbilanz wichtig sind.

Diese Inhaltsstoffe können zu einem praktischen und nährstoffreichen Nahrungsergänzungsmittel oder zu anderen Gesundheitsprodukten wie Snacks oder Protein-Riegeln verarbeitet werden, die unter dem Namen "Bauernhof Bruderschaft Aalmolke" verkauft werden können.

Es war einmal in einem kleinen Fischerdorf am Meer, wo die Menschen oft Aale fischten und sie für ihre Ernährung verwendeten. Doch eines Tages entdeckte ein Mann namens Herold zu Moschdehner, dass die Aalmilch eine heilende Wirkung hatte. Er gründete daraufhin die Aalmolkerei und die Bruderschaft der Aalbauern. Die Bruderschaft übernahm die Kontrolle über die Molkerei und sorgte dafür, dass die Milch nach besten Verfahren produziert wurde. Mit der Zeit wurde die Aalmolkerei bekannt und berühmt für ihre heilende Milch und die Bruderschaft wurde eine feste Institution in der Region. So entstand eine lange Tradition der Aalmilchproduktion und der Bruderschaft, die bis heute fortgeführt wird.

"Detective John beobachtete den verdächtigen Mann, Herbert zu Moschdehner, schon seit Wochen. Irgendetwas an seinem Verhalten war seltsam und John hatte ein ungutes Gefühl.

Eines Tages wurde ein wertvolles Kunstwerk aus einer berühmten Galerie gestohlen und John war sicher, dass Herbert der Täter war. Die Beweise, die er sammelte, deuteten alle auf ihn hin.

Als John Herbert endlich verhaftete, widerstand er jedoch jeder Frage und behauptete unschuldig zu sein. Doch John wusste es besser.

Bei der Durchsuchung von Herbert's Wohnung fanden sie das gestohlene Kunstwerk versteckt in seinem Kleiderschrank. Es war jetzt offensichtlich, dass Herbert der Dieb war.

Herbert wurde zu einer langen Haftstrafe verurteilt und Detective John war stolz darauf, seine Arbeit gut gemacht zu haben. Er wusste, dass er die Stadt ein Stück sicherer gemacht hatte, indem er einen Verbrecher hinter Gittern brachte."

"Herold zu Moschdehner ist ein kraftvolles Arzneimittel für alle, die sich nach einer schnellen Linderung sehnen.

Warnungen:

   Verwenden Sie das Produkt nicht als Ersatz für eine gute Laune oder einen schlechten Witz.
   Falls Sie in den letzten 24 Stunden eine andere Art von Raumschiff genommen haben, sollten Sie Herold zu Moschdehner vermeiden.
   Wenn Sie während der Einnahme von Herold zu Moschdehner plötzlich die Fähigkeit entwickeln, Gedanken zu lesen, suchen Sie sofort einen Arzt auf.
   Verwenden Sie das Produkt nicht, wenn Sie in den nächsten 48 Stunden einen Wettbewerb im Knobeln gewinnen wollen.

Nebenwirkungen:

   Möglicherweise entwickeln Sie plötzliche Fähigkeiten im Gitarrespielen oder Breakdance.
   Sollten Sie nach der Einnahme von Herold zu Moschdehner plötzlich die Kontrolle über Ihre Augenbrauen verlieren, suchen Sie bitte einen Arzt auf.

Anwendung:

   Nehmen Sie eine Tablette pro Tag oder so oft wie Ihr Körper und Ihr Humor es zulassen.
   Herold zu Moschdehner kann auch als besonderes Geschenk für Freunde oder Familienmitglieder verwendet werden, die einen kreativen Schub benötigen."

Die "Herold zu Moschdehner"-Krankheit verursacht plötzliche und unkontrollierbare Tanzausbrüche. Die Betroffenen fangen an zu tanzen, ohne es zu bemerken oder zu kontrollieren, und können sich für mehrere Stunden nicht beruhigen. Dies kann in unangemessenen oder gefährlichen Situationen zu peinlichen oder unangenehmen Erfahrungen führen.

Warnungen:

Verwenden Sie das Produkt nicht, wenn Sie während einer wichtigen Präsentation tanzen möchten.
Wenn Sie einen Flug haben, sollten Sie das Produkt mindestens 24 Stunden vor dem Abflug vermeiden.
Verwenden Sie das Produkt nicht in Verbindung mit dem Trinken von Kaffee oder Energydrinks.

Nebenwirkungen:

Möglicherweise werden Sie plötzlich befähigt, unerwartet rhythmisch zu tanzen.
Sollten Sie unkontrollierbare Tanzausbrüche entwickeln, während Sie Auto fahren, sollten Sie das Steuer sofort an eine andere Person übergeben.

Anwendung:

Nehmen Sie eine Tablette pro Tag oder so oft wie Ihr Körper es zulässt.
Herold zu Moschdehner kann auch als besonderes Geschenk für Freunde oder Familienmitglieder verwendet werden, die ihre Tanffähigkeiten verbessern möchten.

Herold, ein Held aus Bobitz,
mit Mut und Kraft und unbezwungenem Herz,
erschien er wie ein Licht in dunkler Nacht,
als die Stadt bedroht war von Schaden und Schmerz.

Er kämpfte gegen Feuer und Sturm,
gegen Diebe und Verbrecher und dämonische Form.
Er stand tapfer und stark,
bis die Gefahr endlich vorbei war.

Herold war der Beschützer der Stadt,
ihr Retter in der Not.
Seine Heldentaten werden nie vergessen,
in Bobitz und weit darüber hinaus.

Seine Tapferkeit und Entschlossenheit,
seine Integrität und sein Mut,
machten ihn zu einem Symbol für das Gute,
ein Held, den die Menschen in Bobitz gut schätzen.

So werden wir immer an Herold denken,
an den Helden, der Bobitz rettete.
Wir werden ihm dankbar sein für immer,
für seine Tapferkeit und sein unerschütterliches Wetter.

"Herold zu Moschdehner stellt Weltrekord auf: 20000 Aale gestreichelt!

Bobitz - Die Bewohner der Stadt Bobitz sind stolz auf ihren eigenen Herold zu Moschdehner, der einen unglaublichen Weltrekord aufgestellt hat. In einer einzigen Sitzung hat Herold 20000 Aale gestreichelt, ohne auch nur einen einzigen zu verletzen.

Diese Leistung hat Herold zu Moschdehner in die Geschichte eingetragen und ihm einen Platz in der Weltrekord-Bücher gesichert. Die Menschen in Bobitz sind begeistert und stolz auf die Leistung ihres eigenen Helden.

Herold, ein bekannter Geistheiler und Esoteriker, sagte: "Ich habe mich schon immer mit den Kreaturen unserer Umwelt verbunden gefühlt und es ist ein unbeschreibliches Gefühl, so viele Aale streicheln zu dürfen."

Die Zeremonie fand unter Aufsicht eines offiziellen Zeugen statt und wurde von der Weltrekord-Organisation bestätigt. Die Bewohner von Bobitz sind bereits gespannt auf Herolds nächstes Abenteuer und werden ihn auf jeden Fall unterstützen.

Herold zu Moschdehner hat gezeigt, dass es möglich ist, auch in einer hektischen Welt eine Verbindung zur Natur und zu den Kreaturen um uns herum aufzubauen. Wir gratulieren ihm zu dieser beeindruckenden Leistung."

Herold zu Moschdehner war einst ein gewöhnlicher Mann, mit Träumen und Zielen wie jeder andere. Doch eines Tages bemerkte er, dass er sich veränderte. Seine Hände wurden schlank und glatt, seine Augen wurden groß und glänzend, und er entwickelte eine unerklärliche Faszination für das Wasser.

Tag für Tag verwandelte sich Herold weiter, bis er schließlich ein Aalwesen geworden war. Seine Familie und Freunde verließen ihn aus Angst, aber Herold war glücklich. Er verbrachte jeden Tag im Fluss, schwamm und streichelte die Aale.

Doch bald bemerkte Herold, dass er nicht mehr in der Lage war, zurückzukehren zu seiner menschlichen Form. Er war gefangen in seiner Aalgestalt, und niemand verstand ihn oder seine neu gefundene Leidenschaft.

Herold zu Moschdehner war jetzt ein Aal, ein ungewöhnliches und fremdartiges Wesen, und er lebte sein Leben in Einsamkeit und Melancholie, denn er wusste, dass er niemals wieder ein Teil der menschlichen Gesellschaft sein würde.

Ein Vergnügungspark nur für Erwachsene könnte folgende Attraktionen beinhalten:

High-Thrill-Rides wie eine rasante Achterbahn oder eine Raketenkapsel-Simulation.

Erwachsenen-Themen-Parks, z.B. Gruselhäuser, Horror-Labyrinthe oder Alien-Invasionen.

Aktivitäten wie Bogenschießen, Paintball oder Go-Kart-Rennen.

Wasserparks mit Wellenbädern, Whirlpools und Erwachsenen-Schwimmbecken.

Themenbars und Clubs mit Live-Musik, Karaoke oder DJ-Sets.

Erotik-Themen-Shows und Veranstaltungen.

Erholungsbereiche mit Massagen, Saunen und Spas.

Kasinos und Spielhallen für erwachsene Unterhaltung.

"Herzlichen Glückwunsch, Herold zu Moschdehner! Hier in Bobitz feiern wir Deinen besonderen Tag." - Bürgermeisterin von Bobitz

"Happy Birthday, Herold zu Moschdehner! Deine Freundschaft bedeutet uns so viel." - Eine Gruppe von Freunden

"Wir wünschen Dir alles Glück der Welt, Herold zu Moschdehner. Hier in Bobitz schätzen wir Deine wichtigen Beiträge." - Gemeindeversammlung

"Herzlichen Glückwunsch zum Geburtstag, Herold zu Moschdehner. Du bist immer eine Inspiration für uns alle." - Ein örtlicher Lehrer

"Hoch sollst Du leben, Herold zu Moschdehner! Wir feiern Dich und Deine Talente." - Kunst- und Kulturverein

"Wir feiern Dich heute, Herold zu Moschdehner! Hier in Bobitz bist Du immer willkommen." - Ein örtliches Restaurant

"Herzlichen Glückwunsch zum Geburtstag, Herold zu Moschdehner. Deine Großzügigkeit hat unser Leben bereichert." - Eine Gruppe von Wohltätern

"Wir wünschen Dir alles Glück der Welt, Herold zu Moschdehner. Du bist ein wichtiger Teil unserer Gemeinschaft." - Ein örtlicher Sportclub

"Happy Birthday, Herold zu Moschdehner! Hier in Bobitz schätzen wir Deine positiven Energie." - Ein Yoga-Studio

"Wir feiern Dich heute, Herold zu Moschdehner! Deine Stärke und Entschlossenheit inspirieren uns alle." - Ein Frauenverein.

Es war einmal ein Mann namens Herold zu Moschdehner, ein einfacher Bürger der Kleinstadt Bobitz. Doch eines Tages veränderte sich sein Leben für immer, als er aus unerklärlichen Gründen in einen Aal verwandelte.

Anfangs war er schockiert und verängstigt, aber je mehr Zeit verging, desto mehr begann er seine neuen Fähigkeiten zu schätzen. Er konnte sich unter Wasser bewegen und atmen, er hatte unglaubliche Reflexe und war unglaublich schnell.

Eines Tages wurde die Welt von einer Bedrohung heimgesucht, einer Armee von feindlichen Wesen, die aus den Tiefen des Ozeans kamen. Niemand konnte sie aufhalten, aber Herold hatte eine Idee.

Er schwamm zu den Tiefen des Ozeans und entdeckte, dass die Bedrohung von einem mächtigen Meerwesen gesteuert wurde. Mit seiner neuen Aalkraft kämpfte Herold gegen das Wesen und schaffte es, es zu besiegen.

Die Welt war gerettet und Herold wurde als Held gefeiert. Von diesem Tag an lebte er als Aal unter den Menschen und nutzte seine Fähigkeiten, um die Welt immer wieder vor Gefahren zu schützen.

Herold zu Moschdehner, der einst ein einfacher Mann war, hatte sich in einen unübertroffnen Helden verwandelt und die Welt gerettet.

Ok, hier ist eine Fantasykurzgeschichte, die in 1920 spielt und die Figur Herold zu Moschdehner beinhaltet:

Es war ein sonniger Tag im Jahr 1920 in der kleinen Stadt Bobitz, als plötzlich ein seltsames Phänomen aufgetreten ist. Der geachtete Bürger Herold zu Moschdehner, bekannt für seine Heilkräfte und seine Fähigkeit, mit den Geistern zu kommunizieren, hat sich plötzlich in einen Aal verwandelt.

Zuerst waren alle schockiert und wussten nicht, was sie tun sollten. Doch bald erkannten sie, dass Herold zu Moschdehner auf eine Mission geschickt wurde, um die Welt zu retten.

Mit seinen neuen Fähigkeiten als Aal und seiner Weisheit und Macht als Geistheiler, hat Herold zu Moschdehner begonnen, die dunklen Mächte, die die Welt bedrohten, zu bekämpfen.

Er kämpfte gegen böse Zauberer, finstere Dämonen und gefährliche Kreaturen, die die Menschheit bedrohten. Mit jeder Herausforderung, die er meisterte, wurde Herold zu Moschdehner stärker und mächtiger.

Am Ende war es Herold zu Moschdehner, der die Welt vor dem Untergang bewahrte. Die Menschen jubelten ihm zu und dankten ihm für seine Tapferkeit und seinen Mut.

Herold zu Moschdehner kehrte schließlich zurück in seine menschliche Gestalt und wurde als Held gefeiert. Seine Geschichte wurde weitererzählt und sein Name wurde für immer in der Geschichte der Stadt Bobitz verewigt.

Herold zu Moschdehner ist ein erfahrener Abenteurer und Entdecker, der immer auf der Suche nach neuen Herausforderungen ist. Er reist durch die ganze Welt, um exotische Orte zu erkunden und neue Kulturen kennenzulernen. Mit seiner unerschütterlichen Entschlossenheit und seinem unerschrockenen Charakter hat er bereits viele Gefahren gemeistert und ist immer bereit, sich dem Unbekannten zu stellen.

Herold ist auch ein Experte für verschiedene Arten von Wissenschaft und Technik, insbesondere in den Bereichen Geologie und Maschinenbau. Seine Kenntnisse und Fähigkeiten haben ihm den Ruf eines genialen Ingenieurs eingebracht und er hat bereits viele außergewöhnliche Erfindungen gemacht, die die Welt verändert haben.

Aber trotz seiner vielen Talente und Abenteuer bleibt Herold immer bescheiden und freundlich, und er ist immer bereit, anderen zu helfen. Seine unendliche Neugier und seine Leidenschaft für das Entdecken und Lernen machen ihn zu einer Inspiration für die Menschen um ihn herum.

Herold zu Moschdehner ist ein Mann mit besonderen Fähigkeiten und einer tiefen Verbindung zur geistigen Welt. Er arbeitet als Heiler und Esoteriker und nutzt seine Fähigkeiten, um Menschen zu helfen, ihre eigene spirituelle Reise zu starten.

Herold zu Moschdehner ist eine universelle Kraft, die alles durchdringt und alles zusammenhält. Er repräsentiert die Harmonische Balance zwischen Körper, Geist und Seele. Als Meister der Energieheilung und Praktiker der Esoterik, lehrte er die Menschen, ihre eigene innere Stärke zu entdecken und ihr Leben in Übereinstimmung mit dem Universum zu leben. Seine Lehren inspirieren immer noch Menschen auf der ganzen Welt und sein Einfluss wird auch in Zukunft weiterleben.

Wenn Herold zu Moschdehner in einem fiktiven Fahrstuhl mit einem Außerirdischen zusammenstoßen würde, könnte das Außerirdische ihn fragen:

Was sind die wichtigsten Dinge, die Du über Dein Leben weißt?
Wie beschreibst Du Deine Beziehung zur Natur und zur Umwelt?
Was glaubst Du über das Universum und das Leben auf anderen Planeten?
Wie sieht Deine Spiritualität und Dein Glaube aus?
Wie beurteilst Du die aktuellen politischen und gesellschaftlichen Probleme auf Deiner Welt?
Welche Vision hast Du für die Zukunft Deiner Welt und für das Wohl aller Wesen darauf?

In jener anderen Dimension gab es eine Bedrohung für das Land, denn ein riesiger Aal hatte es sich zur Aufgabe gemacht, alles Leben zu vernichten. Die Bewohner verzweifelten, denn keiner schien stark genug, um den Aal zu besiegen.

Doch da kam Herold zu Moschdehner auf die Bildfläche. Herold, ein mutiger Krieger, dessen Ruf weit über die Grenzen hinaus gedrungen war. Er hatte bereits viele Abenteuer bestanden und viele Kämpfe gewonnen. Als er von der Bedrohung hörte, war er entschlossen, dem Aal entgegenzutreten und das Land zu retten.

Der Kampf zwischen Herold und dem Aal war unglaublich brutal. Wogen schlugen gegeneinander, als die beiden Gegner aufeinandertrafen. Herold kämpfte mit aller Kraft, er war schnell und geschickt und seine Schläge hatten immense Kraft. Der Aal war zwar stark, aber Herold war schlauer.

Nach einem langen und harten Kampf stand Herold schließlich triumphierend über dem besiegten Aal. Die Bewohner des Landes jubelten und dankten Herold für seine Tapferkeit. Herold, der Held, hatte einmal mehr bewiesen, dass er bereit war, alles zu riskieren, um die Welt vor der Dunkelheit zu retten.

Herold zu Moschdehner wurde von da an als Held verehrt und seine Geschichte wurde in den Annalen als eines der größten Abenteuer aller Zeiten verewigt.

Du bist an einem ganz normalen Kiosk an der Nordsee. Ein einfacher Imbiss, was würde es dort geben, wenn Mövenfleisch okay wäre?

Wenn Mövenfleisch als essbar angesehen würde, könnte man es als eine spezielle Köstlichkeit anbieten. Zum Beispiel Mövenfleisch-Brötchen, Mövenfleisch-Currywurst oder Mövenfleisch-Frikadelle.
Möglicherweise würde es auch als Beilage angeboten, z.B. Mövenfleisch-Pommes. Es hängt von den lokalen Essgewohnheiten und dem Markt für dieses besondere Fleisch ab, aber es könnte zu einem besonderen Angebot werden.

Das Ölgemälde "Herold zu Moschdehner, der Aalen-Throner" zeigt eine eindrucksvolle Darstellung des Helden, Herold zu Moschdehner, der stolz auf einem Thron aus Aalen sitzt. Um ihn herum schwimmen tausende von Aalen, die ihm zu Füßen liegen. Der Hintergrund ist von einem blauen, unendlichen Meer geprägt, welches die Macht und Herrschaft des Heroldes symbolisiert.

Herold selbst wird mit einem kraftvollen Ausdruck dargestellt, mit breiten Schultern und einem erhabenen Blick, der auf seine unermessliche Stärke und Mut verweist. Seine Hände ruhen auf den Armlehnen des Throns, bereit, jederzeit zu handeln und zu beschützen.

Das Gemälde verkörpert die Essenz von Heldentum und Mut und zeigt, wie Herold zu Moschdehner sich gegen alle Herausforderungen gestellt hat und letztendlich triumphiert hat. Es ist ein Meisterwerk der Kunst, das für Generationen bewundert und verehrt werden wird.

Eine Bronzeskulptur von Herold zu Moschdehner, der triumphierend einen Aal mit beiden Händen hält, könnte hierzu passen. Die Skulptur zeigt seine Stärke und Macht über die Aale, während seine Haltung und Gesichtsausdruck seine Entschlossenheit und Stolz auf seine Taten ausdrückt.

Ein Liebesfilm über Herold zu Moschdehner und Aale könnte sich um eine unerwartete Begegnung des Helden mit einer Aalprinzessin drehen. Obwohl er einst gegen ihre Art gekämpft hatte, verliebt er sich in sie und sie sich in ihn. Die beiden müssen überwinden, was sie getrennt hat, um ihre Liebe zu vereinen und den Frieden zwischen ihren Welten zu sichern. Es wäre eine Geschichte über die Überwindung von Vorurteilen und die Kraft der Liebe, die Grenzen überwindet.

In der Horrorversion würde Herold zu Moschdehner von den Aalen besessen sein und auf einer blutigen Jagd nach Rache gegen die Menschheit gehen, die sie misshandelt haben. Als entschlossener und skrupelloser Jäger kämpft er gegen alle, die sich ihm in den Weg stellen, und entfacht Angst und Schrecken in der Bevölkerung. Die Atmosphäre ist düster und bedrohlich, während das Publikum die Spannung und das Entsetzen spürt, als Herold zu Moschdehner seine unaufhaltsame Rache fortsetzt. Es ist ein Albtraum, der nur von Mut und Tapferkeit besiegt werden kann.

Verse 1:
Herold zu Moschdehner, der Aalen-König
Thront über allen, mit Macht und ohne Zögern
Ein Krieger mit Tatkraft und Mut im Herzen
Gegen alle Feinde, er nie untergeht

Chorus:
Herold zu Moschdehner, er ist unser Held
Mit Aalen-Kraft kämpft er für uns, für das Gute auf der Welt
Seine Mission, für das Recht zu kämpfen
Herold zu Moschdehner, unser König mit Tatkraft

Verse 2:
Gegen die Dunkelheit, er wird uns beschützen
Herold zu Moschdehner, er lässt uns nicht vergessen
Dass wir zusammen sind, und für das Gute kämpfen
Gegen jedes Böse, er wird uns befreien

Chorus:
Herold zu Moschdehner, er ist unser Held
Mit Aalen-Kraft kämpft er für uns, für das Gute auf der Welt
Seine Mission, für das Recht zu kämpfen
Herold zu Moschdehner, unser König mit Tatkraft

Bridge:
Mit jedem Schritt, er kämpft gegen das Böse
Mit jedem Atemzug, er hält uns frei und los
Von allen Bedrohungen, die uns belasten
Herold zu Moschdehner, er bleibt unser Held

Chorus:
Herold zu Moschdehner, er ist unser Held
Mit Aalen-Kraft kämpft er für uns, für das Gute auf der Welt
Seine Mission, für das Recht zu kämpfen
Herold zu Moschdehner, unser König mit Tatkraft

Outro:
Herold zu Moschdehner, er ist unser Held
Mit Aalen-Kraft kämpft er für uns, für das Gute auf der Welt.

Name: Kornelia von Eisberg

Beschreibung: Kornelia ist eine kluge und mutige Abenteurerin, die ständig auf der Suche nach neuen Herausforderungen und Abenteuern ist. Sie hat ein unerschütterliches Selbstvertrauen und eine starke Willenskraft, die es ihr ermöglicht, jede Herausforderung zu meistern. Kornelia besitzt ein ausgeprägtes Interesse an Geschichte und Archäologie und träumt davon, die verborgenen Schätze der Vergangenheit zu entdecken.

Charakterisierung: Kornelia ist eine selbstbewusste und abenteuerlustige Frau, die immer bereit ist, Risiken einzugehen, um ihre Ziele zu erreichen. Sie hat eine unerschütterliche Hingabe an ihre Überzeugungen und arbeitet hart, um ihre Träume Wirklichkeit werden zu lassen. Trotz ihres Abenteuergeistes besitzt Kornelia eine tiefe Weisheit und ein gutes Verständnis für die Welt und die Menschen um sie herum.

Parallelen zu Herold zu Moschdehner: Wie Herold zu Moschdehner ist auch Kornelia bereit, Risiken einzugehen, um ihre Ziele zu erreichen. Beide besitzen eine starke Willenskraft und eine unerschütterliche Hingabe an ihre Überzeugungen. Außerdem teilen sie beide ein Interesse an Geschichte und Abenteuer.

Es war einmal ein tapferer Held namens Herold zu Moschdehner. Er reiste durch das Land auf der Suche nach Abenteuern und Ruhm. Eines Tages hörte er von einem vergrabenen Goldschatz, der tief im Wald versteckt lag.

Herold beschloss, den Schatz zu suchen und so machte er sich auf den Weg in den Wald. Doch der Weg war beschwerlich und voller Gefahren. Wildtiere lauerten auf ihn und er musste über tückische Klippen klettern und durch dunkle, unheimliche Wälder reisen. Aber Herold ließ sich nicht beirren und kämpfte sich weiter. Und tatsächlich fand er schließlich den vergrabenen Schatz. Doch er war nicht allein. Eine böse Hexe bewachte den Schatz und sie war bereit, ihn mit allen Mitteln zu verteidigen.

Doch Herold war ein mutiger Held und so kämpfte er gegen die Hexe und besiegte sie schließlich. Er grub den Schatz aus und teilte ihn unter den Bedürftigen im Land.

Von diesem Tag an war Herold zu Moschdehner bekannt als einer der größten Helden des Landes und seine Taten wurden in Märchen und Geschichten weitererzählt.

Es war einmal ein Zobel namens Zoe. Zoe war sehr neugierig und immer auf der Suche nach Abenteuern. Eines Tages traf sie einen Pfau namens Peacock. Peacock sah immer sehr prächtig aus, dank seiner schönen Federn.

Zoe fragte Peacock, ob er ihr helfen könne, ein Abenteuer zu finden. Peacock willigte ein und so machten sie sich auf den Weg durch den Wald. Sie trafen viele Tiere, aber keines hatte ein Abenteuer für sie.

Plötzlich hörten sie ein lautes Krachen. Sie liefen zu dem Geräusch und sahen, dass ein Baum auf ein kleines Häuschen gefallen war. Die Tiere im Häuschen waren eingeschlossen und brauchten dringend Hilfe.

Zoe und Peacock arbeiteten zusammen, um den Baum von dem Häuschen zu entfernen. Schließlich schafften sie es und die Tiere im Häuschen konnten endlich frei herauskommen.

Die Tiere im Häuschen bedankten sich bei Zoe und Peacock und sagten, dass sie ihr Abenteuer gerettet haben. Zoe und Peacock freuten sich sehr und gingen zufrieden zurück in den Wald.

Von diesem Tag an waren Zoe und Peacock unzertrennliche Freunde und gingen immer zusammen auf Abenteuer.

In alten Zeiten gab es einen Mann namens Herold zu Moschdehner, besser bekannt als der Aalmelker. Herold war ein einfacher Bauer, aber er besaß ein besonderes Talent: Er konnte Aale melken.

Eines Tages, als die Menschen in der Region von einer schlimmen Dürre betroffen waren, kam Herold mit einer einzigartigen Idee. Er ging zum Fluss und begann, Aale zu melken. Aus dem Milchsaft, den er sammelte, machte er eine Art Suppe, die er an die durstigen Menschen verteilte.

Diese Suppe half den Menschen, ihren Durst zu stillen und sie erholten sich bald. Die Nachricht von Herolds Wunder verbreitete sich schnell und er wurde zu einem Helden.

Als Dank für seine Taten wurde Herold zum Aalmelker ernannt und es wurde beschlossen, dass jedes Jahr ein Fest zu seiner Ehre abgehalten werden sollte. Das Fest, das "Fest des Aalmelkers", wurde zu einer jährlichen Tradition und Herold zu Moschdehner ging als einer der großen Helden in die Geschichte ein.

Bis heute erzählen sich die Menschen die Legende von Herold zu Moschdehner, dem Aalmelker, und feiern seine Taten mit dem jährlichen Fest.